Ajedrecero
Valentín Rincón y Andrés Rincón

Primera edición en Recreo Bolsillo:
Producciones Sin Sentido Común, 2021

D. R.   © 2021, Producciones Sin Sentido Común, S. A. de C. V.
Pleamares 54,
colonia Las Águilas,
01710, Ciudad de México

Texto © Valentín Rincón
Ilustraciones © Alejandro Magallanes

ISBN: 978-607-8756-60-5

Impreso en México

VALENTÍN RINCÓN / ANDRÉS RINCÓN

Ilustraciones de Alejandro Magallanes

AJEDREZ RECREO

NOS
TRA
EDICIONES

CONTENIDO

VALENTÍN RINCÓN

ANDRÉS RINCÓN

INTRODUCCIÓN

¿Has oído hablar del ajedrez?, ¿conoces su tablero y sus piezas?, ¿sabes cómo se mueven éstas para jugar?

El juego del ajedrez, sin duda, tiene alguna magia. ¿Cómo podría, si no, haber cautivado a millones de mentes?

Sobre este juego trata el libro que tienes ahora en las manos. Nuestra intención no es, con esta obra, formar grandes campeones o enseñar de manera íntegra el "juego ciencia" (como ha sido llamado el ajedrez). El Ajedrecero es sólo una introducción, una antesala para iniciarse y luego adentrarse en este tema. Con él puedes aprender a jugar, y conocer también una colección de anécdotas, curiosidades y hermosas leyendas divertidas y placenteras acerca del ajedrez, que quizá también te animen a jugarlo y en un futuro, a profundizar más en su aprendizaje.

Encontrarás en las primeras páginas las reglas básicas para el movimiento de las piezas (pues este antiguo entretenimiento se desarrolla a través de movimientos de piezas). Si nada sabes de cómo jugarlo, a lo mejor sentirás justo lo que el rey Ladava (para quien, según cuenta la leyenda, se inventó el ajedrez) sintió cuando se lo mostraron y explicaron.

Para que te des una idea de lo variado de las materias ajedrecísticas, te mencionamos algunos títulos de libros:

9

¿No conoces la leyenda del rey Ladava y el joven Sissa? También te la contaremos. Te contaremos además algunos episodios un tanto sorprendentes y pintorescos de la historia del ajedrez.

Este juego, que a la vez es ciencia y deporte, abarca muy variadas materias y existen bibliotecas enteras con temas que versan sobre él (el Gran Maestro Lothar Schmidt tiene posiblemente la más grande, con más de 20 000 libros).

Aperturas abiertas, Defensa india del rey, La estructura de los peones centrales, Ajedrez y computadoras, Cómo piensan los grandes maestros, Estrategia moderna en ajedrez...

Algunos investigadores han encontrado que el ajedrez, además de poseer un valor por sí mismo, puede reforzar diversos terrenos y niveles del pensamiento, así como la capacidad de aprender. Por esta razón, en algunos países el ajedrez se enseña en las escuelas oficiales: en Venezuela y en Colombia los Ministerios de Educación y Deportes dispusieron que se enseñara en escuelas primarias tanto públicas como privadas.

Efectivamente, el ajedrez puede ayudar a desarrollar el sentido de respeto y tolerancia; por ejemplo, al aprender a esperar el turno y a seguir las demás reglas.

Este hermoso juego afinará tu "olfato" para evaluar diferentes alternativas que se te presentan para solucionar un problema y así, adoptar la más acertada. La habilidad que, de este modo, adquieras para tomar buenas decisiones te servirá a lo largo de toda la vida. El ajedrez, además, entraña el ejercicio de meditar suficientemente antes de actuar y también el de asumir las consecuencias de las decisiones que tomas.

El ajedrez te puede enseñar a aceptar el triunfo del "contrario" y a no sentirte humillado con una eventual derrota, sino sobreponerte a ella. El maravilloso "juego ciencia", sobre todo, estimula la mente, orientándola hacia el análisis de las situaciones y ampliando la creatividad.

Sissa o el origen del ajedrez

urante años se ha hablado de una hermosa leyenda que relata cómo su personaje principal, Sissa, inventó el ajedrez. Dice así:

En tiempos remotos vivía en la India, en la apartada región de Taligana, un generoso rey llamado Ladava, quien había perdido en reciente batalla a su hijo, el príncipe Adjamir.

La tristeza y la angustia invadieron al rey, y lo sumieron en un profundo estado de melancolía que le separó de la vida pública de su provincia. El rey no entendía cómo habiendo ganado la batalla, su hijo, el príncipe, debió perder la vida.

Sus ministros y cortesanos hicieron lo imposible por distraerlo: bufones, malabaristas, adivinos y afamados músicos y bailarines desfilaron ante él, todo sin resultado positivo.

Enterado de ello, un modesto joven llamado Sissa, del pueblo de Lahur, se dedicó a crear un juego tan interesante que pudiera apartar al monarca de sus múltiples pesares, le hiciera comprender los errores de su campaña y le abriera nuevamente el corazón a la alegría.

Presentado ante el atribulado soberano, Sissa procedió a abrir una caja en la que guardaba un hermoso tablero de sesenta y cuatro casillas y un juego de piezas de madera tallada. Seguidamente explicó a su rey que se trataba simplemente de un juego en el que participaban dos personas, quienes tendrían a su disposición dos ejércitos; cada uno de éstos estaba constituido por la infantería, compuesta por ocho piezas llamadas peones, dos elefantes (artillería pesada), dos caballos (caballería), dos visires (consejeros) y una reina con su rey.

Tan sencilla y clara fue la presentación, que pocas horas después el rey ya conocía las reglas básicas del invento de Sissa, el juego del ajedrez, y se animaba a invitar a sus ministros para jugar partidas en las que ellos pudieran exhibir su inteligencia y talento militar.

Estas primeras partidas fueron muy provechosas porque ilustraron al rey sobre la necesidad de planificar las acciones, la de luchar permanentemente por el logro de los objetivos y la de sacrificar en ocasiones algo valioso en aras del bienestar de la mayoría. Además aprendió sobre los errores cometidos en combate, lo que le permitió comprender la importancia de la muerte de su hijo, el príncipe Adjamir, en la victoria para la preservación del reino de Taligana.

Días después, muy entusiasmado, el rey Ladava comenzó a incorporarse a la vida pública, a atender los asuntos de Estado y las necesidades de su pueblo.

Vuelta la alegría a la corte, Ladava quiso premiar la imaginación e inteligencia de su súbdito Sissa.

Habiendo recibido de su propio rey ofertas de fortunas, tierras y poder, y luego de reflexionar largamente, Sissa le contestó que su único interés

al inventar el juego del ajedrez era ver que la alegría volviera a la corte y al pueblo de Taligana; pero, puesto que el rey insistía en su sincero deseo de obsequiarle con un presente, Sissa respondió:

—Dadme un grano de trigo por la primera casilla del tablero, dos por la segunda, cuatro por la tercera, ocho por la cuarta, dieciséis por la quinta y así duplicando sucesivamente el número de granos hasta la casilla sesenta y cuatro.

Aunque el rey se sorprendió por tan original y modesta solicitud, ordenó que de inmediato se cumpliera con la petición de Sissa.

Mas la sorpresa fue aún mayor cuando el jefe de los matemáticos de la corte informó al rey que la recompensa elegida por el joven Sissa era inimaginable, e imposible de pagar. Para gratificarle se necesitaba suficiente trigo como para llenar un cuerpo geométrico con una base del tamaño de la provincia de Taligana y una altura de cien veces la montaña del Himalaya. Sólo cultivando todo el territorio de la India durante cien años se podría producir tal cantidad de granos.

Maravillado el rey por esta nueva demostración de sencilla sabiduría del joven Sissa, le nombró primer ministro del reino; así que además el rey pudo jugar de tarde en tarde instructivas partidas de ajedrez para gloria de su trono y de la alegre provincia de Taligana.

LOS DIAGRAMAS

Tal como lo refiere la leyenda del joven Sissa, el ajedrez se juega con un tablero (es decir, una superficie dividida en casillas cuadradas) y unas piezas. Sobre el tablero se colocan las piezas, unas de color claro (a las que se llama blancas) y otras de color oscuro (a las que se llama negras). Hay un equipo o ejército de piezas blancas para un jugador y otro de piezas negras para el otro.

Dos niños van a comenzar una partida y tienen entre sí el tablero con las piezas.

Los niños han jugado durante algunos minutos.
Aunque es la misma partida, ahora la escena se ve distinta.

¿TE
IMAGINAS
COMO
SE VE ESTA
SITUACION...
DESDE
DONDE ESTA
SENTADO
EL JUGADOR
DE LAS
BLANCAS?

Así se ven las cosas desde donde
está el jugador de las blancas.

En los libros de ajedrez vemos siempre unos dibujitos llamados diagramas en los que se representa cómo se ven las cosas desde el enfoque blanco. El *diagrama* de la posición que vemos en la ilustración anterior sería el siguiente:

El *diagrama* es, pues, una representación del tablero, más o menos como aparecería para el jugador de las blancas si éste se parara de su silla y lo viera desde lo alto…, sólo que con las piezas acostadas para que se puedan distinguir. ¡Qué maravilla!

PEÓN

TORRE

Las piezas (en una acepción general de la palabra) son:

CABALLO

REY

ALFIL

DAMA

La idea fundamental

El ajedrez se juega, reiteramos, entre dos personas, cada una de las cuales dispone de un conjunto de piezas o trebejos, que representa un pequeño ejército. Un jugador maneja piezas de color claro, a las que se llama blancas, y el otro piezas de color oscuro, a las que se llama negras.

Cada ejército está formado por un rey, una reina (a la que se llama dama), dos torres, dos alfiles, dos caballos y ocho peones. Cada pieza tiene un movimiento propio, distinto al de las demás. Se llama movimiento a la forma en que se vale desplazar una pieza sobre el campo de batalla.

Los reyes son inferiores en movilidad a todas y cada una de las demás piezas. Sin embargo, en cuanto uno de ellos queda acorralado entre la espada y la pared, es decir, en cuanto recibe *jaque mate*, la contienda termina. Esto significa que en cada ejército el rey es la pieza más importante, aun cuando dependa de las otras, que lo defienden a capa y espada de los ataques adversarios y pueden contraatacar. Esta es la idea fundamental del ajedrez.

El tablero y la disposición inicial de las piezas

El campo de batalla es un tablero que consta de sesenta y cuatro casillas, unas claras (blancas) y otras oscuras (negras).

A las series de casillas formadas horizontalmente se les llama filas.

A las series de casillas formadas verticalmente se les llama columnas.

Y a las series de casillas formadas diagonalmente se les llama diagonales.

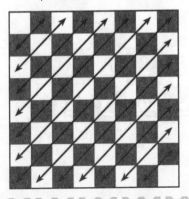

Esta es la disposición inicial de las piezas.

El movimiento de las piezas

En el ajedrez las jugadas (que son hechas alternativamente por uno y otro jugador) consisten básicamente en desplazamientos de piezas sobre el tablero. Cada pieza puede ser desplazada de un modo particular.

La torre (cualquier torre que se encuentre en el tablero) puede ser desplazada por la fila o por la columna en que se halle, y este desplazamiento puede ser de una o de varias casillas.

Veamos un ejemplo:

En la figura hemos colocado un puntito en cada una de las casillas a las que se podría mover la torre si estuviera en aquella en que la hemos representado. Si estuviera en otra casilla, desde luego sus posibilidades serían otras, pero siempre en su fila o columna.

El alfil (cualquier alfil) puede ser desplazado a través de las diagonales en que se halle, y este desplazamiento puede también ser de una o de varias casillas.

La dama es como torre y alfil al mismo tiempo; por ello puede ser desplazada por la fila o por la columna o por cualquiera de las diagonales en que se halle, y este desplazamiento puede ser de una o de varias casillas.

Los reyes pueden ser desplazados a cualquier casilla que tengan a un pasito (es decir, sólo pueden moverse una casilla), en cualquier dirección; no pueden dar brincos ni pegar carreras.

Los peones se adelantan por columna (y no pueden retroceder, a diferencia de todos los demás); lo hacen de una en una casilla, con una salvedad: cuando algún peón (cualquiera de ellos) va a desplazarse desde su casilla inicial puede moverse una o dos casillas (siempre hacia delante y por columna) a elección del jugador que lo manipula.

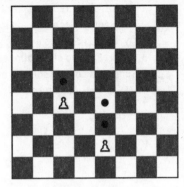

En cuanto al caballo, su movimiento consiste en que desde donde se encuentra da dos pasos por fila o columna y luego da un tercer paso en dirección perpendicular a la del recorrido anterior (el de dos pasos). Es como si dibujara una especie de ele mayúscula (L).

Ahora, si un trebejo o pieza se encuentra en su camino con otro, no lo puede saltar y llegar a casillas que estén más allá de éste, salvo el caballo; el caballo es el único que puede saltar a otros trebejos.

En general, si nuestra pieza encuentra en su camino una del adversario puede capturarla (o comerla como también se dice), lo cual consiste en que sacamos del tablero esta pieza adversaria y colocamos en su lugar la nuestra. Así hacemos con nuestras torres, alfiles, dama y rey.

Ejemplo de captura: En esta posición el rey blanco puede capturar al caballo negro o al alfil, mas no así a la torre, la cual está fuera de su alcance.

Ha capturado al caballo.

Para esto de las capturas, los casos del caballo y del peón son distintos. El caballo no puede capturar a las piezas que se encuentren en su camino —la ele mayúscula (L) que mencionábamos— sino a las que estén en la casilla final del mismo, en la casilla de llegada.

En esta posición el caballo puede capturar al peón pero no a la torre ni al alfil, ya que éstos no se encuentran en casilla alguna de posible llegada, sino en el camino (están sobre la ele y no en el extremo de ésta); el caballo los "brinca".

El peón, por su parte, que se desplaza por columna, come no obstante en diagonal, siempre que el trebejo víctima se halle a sólo un paso de él.

El peón blanco no puede comerse al que tiene enfrente, sino al otro.

¡PUEDES AHORA JUGAR UNA PARTIDA QUE CONSISTA EN VER QUIÉN DEJA CON MENOS PIEZAS A QUIÉN!

El jaque mate

En realidad, el triunfo en el partido de ajedrez no está determinado por quién queda con más piezas sino, en última instancia, por quién da jaque mate. Veamos qué es eso del jaque mate.

Si un trebejo puede moverse a determinada casilla, sea capturando o sin capturar, se dice que "domina" dicha casilla.

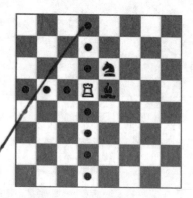

En esta posición, la torre domina las casillas en las que hemos dibujado puntitos y aquella en la que se halla el alfil, a quien podría capturar.

Si un trebejo se encuentra en una casilla dominada por uno oponente, se dice que está siendo "atacado" por ese trebejo oponente, o que ese trebejo oponente está "atacando" al primero. Cuando una pieza está siendo atacada estamos ante una situación llamada, obviamente, "ataque".

Ahora, si la pieza atacada es el rey, a ese ataque se llama "jaque". Se dice entonces que a ese rey le están dando jaque, o que le están dando jaque al ejército al que pertenece (o al jugador mismo que conduce tal ejército)… o lo están jaqueando. Otras formas de expresar lo anterior son que el ejército oponente está dando jaque, o que está jaqueando.

Aquí la torre está atacando al alfil, y el caballo al peón.

Aquí el blanco está jaqueando al negro; el negro está en jaque.

Una regla muy importante en ajedrez es que no se vale que hagamos ninguna jugada que deje a nuestro rey en jaque; podemos jaquear al oponente, pero no hacer una jugada en que nosotros quedemos en jaque. De lo cual se deriva que, cuando recibimos jaque es obligatorio que hagamos una jugada que elimine tal jaque (capturar la pieza jaqueadora, interponer una pieza nuestra o escapar).

Aquí el negro está en jaque y puede hacer uso de cualquiera de los tres recursos mencionados: capturar a la pieza jaqueadora con la torre, interponer una pieza propia (en este caso el alfil) o bien huir a una casilla libre de ataques.

Si se llega a producir un jaque imposible de eliminar mediante alguno de los recursos mencionados (capturar, etc.), que son los únicos que existen para tal propósito, ese jaque se llama "jaque mate" y en ese momento quien lo da lo gana y quien lo recibe pierde.

He aquí una posición de jaque mate:

Cómo se apunta una partida

Ahora que ya sabes lo básico sobre cómo se juega el ajedrez, te vamos a decir cómo se apunta una partida. Esto será muy útil para ti si te inscribes en algún torneo, porque en este caso, posiblemente querrás llevar un registro de las jugadas y de cada una de las partidas. Te conviene tener ese apunte, ya que así podrás reproducir posteriormente tu partida, analizarla y mejorar tu juego para la próxima vez.

También, al saber cómo se apunta en ajedrez, podrás reproducir partidas que vienen en libros y conocer, por ejemplo, alguna que jugó Capablanca[1] contra Alekhine[2], o alguna partida muy famosa como "La Inmortal", que jugó Anderssen[3] contra Kieseritsky[4].

[1] José Raúl Capablanca: véase capítulo "Algunas anécdotas de jugadores famosos", anécdota núm 3.
[2] Alexander Alekhine: véase capítulo "Algunas anécdotas de jugadores famosos", anécdota núm 4.
[3] Adolf Anderssen: alemán, campeón mundial de 1851 a 1866.
[4] Lionel Kieseritsky: nació en 1806 en Livonia, antigua provincia rusa y se trasladó a París en 1839.
Ha pasado a la historia ajedrecística por su derrota ante Anderssen, en la partida llamada La Inmortal y por haber popularizado una maniobra que lleva su nombre.

Antes se apuntaba de un modo y actualmente, de otro. A la forma de apuntar de antes se le llama "descriptiva" y a la actual, algebraica, aunque podría mejor llamarse "por coordenadas". Comenzaremos por esta última.

Forma algebraica

Es muy sencillo. Lo primero que hay que saber es el "nombre" de cada casilla o escaque. Para esto, a las columnas (verticales) se les designa con letras de izquierda a derecha: a b c d e f g h, y a las filas (horizontales) con números de abajo hacia arriba: 1 2 3 4 5 6 7 8, como se ve en el siguiente diagrama.

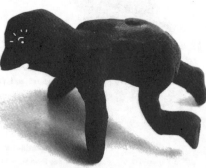

Los tableros de ajedrez "oficiales" tienen escritos al margen los números y las letras del modo anteriormente descrito, para facilitar el apunte de las jugadas.

El "nombre" de la casilla es el "cruce" de la columna con la fila. Por ejemplo, en el diagrama anterior, la casilla donde se encuentra el caballo es la **c2** y la casilla donde está la torre es la **f8** (la letra que designa la columna se escribe siempre en minúscula).

Se anota primero, en mayúscula, la letra inicial del nombre de la pieza que se mueve y enseguida la determinación de la casilla hacia la que se mueve. Por ejemplo si queremos expresar que se mueve un caballo a la casilla **e3**, escribimos **Ce3**.

Si es un peón el que se mueve, se omite la letra inicial del nombre de la pieza. Por ejemplo si queremos apuntar que un peón pasa a **d4**, escribimos simplemente **d4** (y no **Pd4**, lo cual no se usa). O si estamos leyendo un libro de ajedrez y vemos la anotación **e4**, esto indica que se mueve un peón a la casilla **e4**.

Si la pieza que se mueve toma (es decir, captura) a una pieza contraria, se agrega el signo x inmediatamente después de la letra correspondiente a la pieza que se mueve. Por ejemplo **Cxe3**, significa que el caballo toma la pieza que está en **e3**.

Con el objeto de unificar la notación para todos los idiomas, en vez de la letra inicial del nombre de la pieza que se mueve, se usa un dibujito convencional que la representa.

Por ejemplo, caballo es ♘ o ♞ , torre es ♖ o ♜ , rey es ♔ o ♚ .

Estas son las normas principales de notación, pero existen otras especiales que enseguida puntualizamos:

Hay casos en los que dos piezas del mismo tipo pueden ir a una misma casilla. ¿Cómo definir claramente, al escribir una jugada, cuál de ellas es la que se movió o se va a mover? Pongamos un ejemplo:

Si una torre puede ir a la casilla **d7**, como ya dijimos, su movimiento se expresaría ♖**d7**; pero si existe otra torre que también puede ir a **d7** y escribimos ♖**d7**, quien lee no sabría cuál de las dos torres es la que va a ir a **d7**.

Entonces, para determinar cuál de las dos es la que se mueve, es necesario agregar un dato: la indicación de la columna o la fila en la que se encuentra la pieza que ha de moverse.

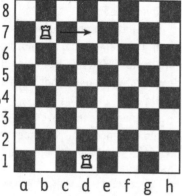

En otras palabras, si dos piezas del mismo tipo, por ejemplo, dos torres, pueden ir a una determinada casilla, para saber cuál de las dos es la que se mueve, al anotar la jugada es necesario agregar un dato que consiste en la determinación de la columna y/o fila en la que se encuentra la pieza que se mueve. La anotación se hace después de apuntar la inicial o el dibujito convencional. Por ejemplo, ♖**bd7** significa que la torre que estaba en la columna **b** pasa a **d7**.

Otros signos empleados:

x	Captura (o come o toma)
+	Jaque
++	Jaque mate
0-0	Enroque corto
0-0-0	Enroque largo
=	Se convierte en... (esto sucede cuando un peón se corona)
!	Inesperada y buena jugada
!!	Inesperada y buenísima jugada
?	Mala jugada
??	Pésima jugada

Comprenderás mucho mejor las formas de anotar los enfrentamientos, después de practicar con varios ejemplos de partidas que leas y que anotes.

Forma descriptiva

La principal diferencia entre la forma de anotar explicada en párrafos anteriores y la descriptiva, que es la que se usaba antiguamente, consiste en que las columnas se designan de otro modo. En la forma descriptiva, cada columna

se indica con la inicial de la pieza que se coloca en ella al principio del juego. Así, hay columna rey, columna torre, etc. Se escribe primero la letra inicial del nombre de la pieza que se mueve, después el número de la fila hacia la que va y después la columna. Por ejemplo **P5T** (aquí sí se escribe la P) quiere decir que el peón se movió a la casilla **5T** (cinco torre). Muchas veces en este sistema de notación, es necesario indicar el ala[5] de la columna: si es TR o TD (torre del ala del rey o del ala de la dama); **P5TR** se interpreta: el peón se movió a la casilla **5TR** (cinco torre rey).

Cada jugador establece desde su lado la numeración de las filas; por ejemplo, la línea 1 para las blancas, es la 8 para las negras. Observa que en la forma algebraica, en cambio, la numeración de las filas siempre se determina a partir del lado de las blancas.

Los "otros signos empleados" son iguales a los de la forma algebraica de apuntar.

---

[5] El tablero se divide en dos alas (o lados): el ala de la dama y el ala del rey.

1) $T a8 + R xa8$

2) $C \cdot b4 + R b8$

$T a8 + R xa8$

$\cdot + R b8$

TRES
JUGADAS
CURIOSAS

Enroque

El enroque es una jugada en la que, como caso excepcional, se mueven dos piezas: el rey y una torre. Requiere que ni el rey ni esa torre se hayan movido antes y que las casillas entre ambos trebejos estén despejadas. El rey se desplaza dos casillas hacia la torre y ésta, enseguida y como parte de la misma jugada, lo salta sobre la misma fila y queda colocada junto a él.

Si el enroque se efectúa con la torre de la columna "h" se llama enroque corto (porque el brinco de la torre es corto), y si se efectúa con la de la columna "a" se llama enroque largo (porque el brinco de la torre es, en este caso, más largo que en el otro).

No se vale realizar el enroque como respuesta a un jaque ni cuando la casilla que el rey ha de atravesar esté dominada por alguna pieza del oponente.

49

Coronación

Otra jugada excepcional es la coronación o promoción, que consiste en que cuando un peón llega a su octava fila (la "8" para las blancas, la "1" para las negras) se cambia, obligatoriamente y como parte de la misma jugada, por una dama, una torre, un alfil o un caballo (de su propio color); lo cual, por cierto, ocurre independientemente de las piezas que de su ejército queden en el tablero: es por eso que a veces un jugador tiene dos damas o más, o tres torres, etcétera.*

* Si la pieza por la que queremos cambiar nuestro peón no se encontrara entre las que ya nos han capturado, podemos colocar en la casilla de coronación cualquier objeto que por sus dimensiones se preste para representarla.

Captura al paso

Y la tercera jugada curiosa, la captura al paso, se hace con un peón que esté colocado en su quinta fila (la "5" para las blancas, la "4" para las negras) y consiste en que se come a otro —del color contrario, por supuesto— que ha venido, mediante un desplazamiento de dos casillas, a colocarse junto a él (en la columna contigua). Esta jugada se efectúa sacando del tablero el peón capturado y colocando el que se lo ha comido en la casilla que aquél atravesó; o sea que se realiza como si el peón capturado sólo se hubiera movido una casilla.

La captura al paso únicamente se puede hacer como respuesta inmediata al movimiento de dos casillas del peón que ha de ser capturado; si no sigue inmediatamente a dicho movimiento ya no se vale efectuarla.

La leyenda de Dilram

Cuenta la leyenda que la bella princesa Dilram era la esposa favorita de un sultán árabe, quien la amaba profundamente y era, además, un entusiasta jugador de ajedrez.

Creyéndose muy seguro de la fortaleza de su juego y menospreciando la de su rival, el sultán comenzó una partida con un hábil jugador. En ella, el sultán apostaba a su amada esposa Dilram contra el castillo de su oponente.

Ante la desesperación del noble árabe, la partida llegó a una posición aparentemente perdida para él, con un inminente jaque mate de su fuerte rival. Creyendo segura la derrota en la partida y con ella perdida a su bella esposa, el sultán estaba angustiado y perdió la calma.

Dilram, conocedora de los secretos del bello juego, exclamó:

—¡Sacrifica tus dos torres pero no a mí![6]

Entonces el sultán pensó: —¿Por qué me dirá esto Dilram?— Tras un momento de reflexión jugó una combinación en que efectivamente sacrificaba sus dos torres, logrando de esta manera una sorprendente victoria; así fue que conservó a su esposa amada y aprendió de ella una lección.

[6] Sacrificio es la entrega voluntaria de material (una o varias piezas), no como cambio directo por otras del mismo valor, sino para obtener alguna otra compensación futura, como dar mate o mejorar la posición.

La posición en que se encontraba era la siguiente:

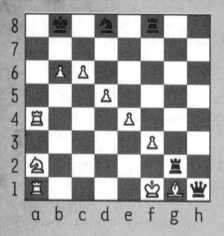

Las jugadas que hizo el sultán fueron:

1. ♖a8 + ♛ xa8
2. ♘b4 + ♛ b8
3. ♖a8 + ♛ xa8
4. b7 + ♚ b8
5. ♘a6 ++

Ruy López, campeón mundial de ajedrez, en la corte española

ra el siglo XVI. El rey Felipe II se encontraba disputando una partida de ajedrez con su capellán, el ya entonces célebre Ruy López. El primero jugaba desde la comodidad de un ancho sillón, mientras que el segundo, hincado, ocupaba un rimero de cojines frente a su soberano.

Se advertía en el monarca cierta intranquilidad que no provenía de las evoluciones en el tablero. Y era que en ese momento se realizaban los aprestos para ejecutar a quien, hasta hacía pocas horas, había sido su consejero más distinguido, el duque de Medina Sidonia, acusado ahora de alta traición.

Se abrieron entonces las puertas del salón y apareció el verdugo.

—Habla —ordenó el rey.

—Majestad, el inculpado solicita una concesión que, en las actuales circunstancias, resulta imposible satisfacer.

—¿Qué desea?

—Insiste en ser bendecido por un obispo antes de la ejecución.

—Hágase pues y que todo quede concluido para las seis.

—Pero, Majestad, no hay obispo alguno que pueda cumplir esa tarea; el de Zamora ayer mismo falleció y el de Palencia, como usted sabe, se ha ausentado.

El rey, tras unos segundos de reflexión, dirigió su mirada hacia Ruy López y le dijo:

—Levántate, Obispo de Zamora, y acude a asistir al condenado.

El religioso, teniéndose por obispo para los efectos del caso, se encaminó con pesar hacia la cárcel a fin de encontrarse con el duque —amigo íntimo suyo— y bendecirlo.

Terminada la reconciliación, y observando inculpado y confesor que faltaba aún mucho tiempo para la hora del sacrificio, aquél propuso al campeón mundial de ajedrez (que eso era en realidad Ruy López), que jugaran una partida, ante lo que éste no se hizo del rogar.

Mandaron traer tablero y piezas y comenzaron el juego, con la atención de los guardias y el alcalde puesta en su desenvolvimiento, pues la notoriedad de Ruy López en esta materia era un imán... y hasta el verdugo vino a presenciar la partida.

El duque de Medina Sidonia no jugaba nada mal; su destreza en el "juego ciencia" era también famosa. Pasaban los minutos. La lucha ajedrecística estaba en un momento crítico cuando llegó la hora de la ejecución. El condenado, empero, quería continuar y terminar la partida, no por eludir la muerte que le esperaba —pues temple de caballero tenía— sino porque había vislumbrado una posibilidad de victoria que deseaba comprobar. La dureza del verdugo entonces fue tal, que intentó hacer suspender el juego por la fuerza, mas al acercarse al duque, éste arrebatóle el hacha y exclamó, resuelto:

—Al que se me acerque le parto en dos la cabeza.

Ante tal arranque, y como el campeón Ruy López también solicitase permiso para concluir la partida, ésta pudo llegar a su fin. La variante que el duque había estimado ganadora pareció en aquel momento el mayor de los aciertos, pues le condujo en efecto a la victoria, circunstancia que lo desembarazó por unos instantes del peso de una realidad sombría y cruel como era la de tener que ser decapitado.

Al confesor, por otra parte, se le veía perplejo, cual si aquella derrota verdaderamente le hubiese causado sorpresa y congoja... Hubo quienes sospecharon que en realidad se había dejado vencer con el propósito de obsequiar a su contrincante y amigo el honor de una victoria sobre el campeón mundial de ajedrez.

Pasados estos incidentes encaminóse el duque, sereno y firme, hacia el patíbulo. Y se cuenta que aún tuvo ánimo para hacer alguna broma a su amigo Ruy López.

El rey Felipe II, entretanto, se encontraba con el conde que desempeñaría a partir de ahora las funciones que correspondieran al duque en otro tiempo y, figurándose que este último había ya muerto, dijo a su interlocutor:

—Dame el documento relativo al crimen cometido por el ya extinto duque.

Entonces el conde sacó de su escarcela un escrito que dio al monarca, quien lo examinó al momento: no era ningún decreto ni cosa alguna semejante; era un plan de conspiración, que incluía una lista de los traidores, con el nombre del conde en primer término; y es que éste, para su mala suerte, se había equivocado de pliego y había puesto en poder del rey, en lugar del documento solicitado, este otro. Allí se detallaba también cómo el duque de Medina Sidonia debía ser señalado —falsamente, según ahora se evidenciaba— como artífice de aquella conspiración.

Viendo el rey quién realmente era culpable y quién inocente mandó de inmediato arrestar al conde y dispuso, aunque sin mucha esperanza de estar todavía a tiempo, que se cancelara la ejecución. Salió entonces a toda prisa una comitiva con la orden hacia el cadalso, en donde se encontró con que el proceso, debido a los incidentes antes descritos, se hallaba con retraso y la decapitación, para fortuna del inculpado, no había ocurrido aún, con lo que hoy podemos con justicia afirmar que una partida de ajedrez salvó de una muerte cruenta e inmerecida a un valeroso caballero.

MITOS Y VERDADES

MITO

No es cierto que los jugadores de ajedrez lo juegan muy bien si son matemáticos y muy mal si no lo son; en otras palabras, que el ajedrez es un juego muy matemático.

VERDAD

Lo cierto es que la práctica del ajedrez desarrolla la facilidad para pensar y razonar.

MITO

No es verdad que lo principal para ganar en ajedrez es tener en la mente todas las posibles jugadas de respuesta de nuestro oponente y todas las posibles continuaciones luego de éstas; en otras palabras, que se requiere calcular detalladamente todas las posibles continuaciones de la partida en todo momento.

VERDAD

La verdad es que, además de tener una idea de las principales continuaciones posibles en un momento dado, hay que seguir planes más bien generales y estar listo para sacar provecho de los errores y debilidades del contrincante (errores y debilidades que ya sean un hecho y no una posibilidad futura).

MITO

Falso es que saberse decenas de formas de tender engaños al oponente
es el mejor método para ganar; en otras palabras, que pasársela poniendo
carnadas es el mejor camino a la victoria.

VERDAD

Más acertado es no suponer que nuestro contrincante va a cometer errores y, en
vez de distraernos con sus posibles errores futuros, ver los que ya ha cometido.

MITO

No hay nada más alejado de la realidad que la afirmación de que el ajedrez
es sólo para inteligencias excepcionalmente desarrolladas; en otras palabras,
lo dicho por quienes piensan que el ajedrez es un juego sólo para genios.

VERDAD

La realidad es que este juego lo puede comenzar a practicar cualquiera
Aque haya conocido ya las reglas básicas. Por eso hay aficionados, igual de cinco
años que de ochenta, que sin ser genios lo juegan… ¡y hasta lo juegan bien!

MITO

Que el ajedrez es un juego aburrido, es la peor de todas las mentiras;
en otras palabras, que quien afirma eso merece perder.

VERDAD

La verdad es que es un juego divertido y emocionante, según puedes ver tanto
en la actitud de los niños que saben jugarlo como en lo que ellos te dirán.

HISTORIA MISTERIOSA
LA DEL AJEDREZ

Más allá de las leyendas, se ha intentado precisar dónde y cómo se inventó el ajedrez. Aunque no se tiene datos concretos, se cree que se inventó, tal como lo cuenta la historia de Sissa, en la India en el siglo VI, hace unos mil quinientos años. Se llamaba *chaturanga*. Este nombre hace referencia a las cuatro partes que formaban el ejército hindú: la infantería (los peones), la caballería (los caballos), los elefantes (las torres) y los carros de guerra (los alfiles). Por esto nos damos cuenta de que se trata de un juego de inspiración guerrera.

A mediados del siglo VII los árabes profundizaron mucho en su estudio y desarrollaron su práctica hasta alcanzar niveles muy superiores al que tuvieron los creadores del juego, los hindúes.

También fueron los árabes los que contribuyeron grandemente a la difusión de este juego. Lo llamaron *shantraj* o *schatrandash* y más tarde *as-jatrang*.

Así, el nombre de ajedrez deriva, a través del árabe "as-satrany" al sánscrito "chaturanga", que significa "el cuatro de armas".

(DATOS
(Y MÁS DATOS)

A fines de
la edad media,
el ajedrez,
introducido
en España
por los árabes,
ya era conocido
toda Rusia.

Antes del siglo XI,
los cuadrados
del tablero de ajedrez
no eran escaqueados,
es decir,
no eran blancos y
negros, sino sólo
blancos.

El primer
torneo de
ajedrez del
que aparece
constancia,
se celebró
en la Corte
Real
de Madrid
en 1575.

El primer campeonato jugado con límite de tiempo fue el que enfrentó a Anderssen y Kolisch* en 1861. Los jugadores tenían que hacer 24 jugadas en no más de 2 horas. En esta ocasión Anderssen, a la sazón campeón del mundo, retuvo su cetro.

El primer campeonato mundial de ajedrez oficial se celebró en 1886 entre Wilhelm Steinitz y Johann H. Zuckertort y fue ganado por Steinitz, que se convirtió así en el primer campeón mundial de ajedrez reconocido oficialmente.

El ajedrez fue el segundo deporte de la historia en tener un campeón mundial (el primero fue el billar).

* Barón Ignaz von Kolisch. Maestro austrohúngaro, mecenas del ajedrez que hizo posible la organización de los torneos Baden-Baden 1870 y Viena 1882.

Y LOS RELOJES

Un elemento fundamental en el juego de ajedrez es el tiempo.

Antiguamente no había límite de tiempo para pensar cada jugada y esto hacía que una partida pudiera durar días enteros. Se pensó entonces en reglamentar esta situación y determinar dicho límite.

Se cuenta que los primeros relojes de ajedrez que se usaron fueron relojes de arena. No fue sino hasta el año de 1861, como ya se dijo, que se usó el reloj de ajedrez en un campeonato por el título mundial.

Actualmente, en las bases que reglamentan los torneos se establece cuál será el límite de tiempo para las jugadas de cada participante. Por ejemplo se señala: "Ritmo de juego: 40 jugadas en 2 horas y 20 por hora siguiente".

Un reloj de ajedrez es en realidad un par de relojes juntos, dispuestos de tal manera que cuando uno marcha el otro se detiene. Para hacer posible lo anterior, cuentan con sendos botones que han de accionar los jugadores. Cuando uno de ellos oprime su botón, pone en marcha el reloj de su oponente.

Cada reloj corresponde a cada uno de los contrincantes, es decir,
un reloj marca el tiempo de las blancas y otro el de las negras.

Al inicio del juego se preparan los relojes señalando la misma "hora"7.
La partida se inicia con la puesta en marcha del reloj correspondiente
a las blancas. Cuando el jugador que conduce estas piezas hace
su primera jugada, aprieta su botón. Entonces su reloj se detiene
y empieza a funcionar el de las negras. El jugador de las negras
medita y su reloj va marcando el tiempo; cuando este jugador realiza
su jugada, aprieta el botón respectivo, su reloj se detiene y el reloj de las blancas
comienza a funcionar de nuevo; y así sucesivamente.

Además, en la parte
superior de la carátula
de cada uno de los relojes, hay
una "banderita"
que, respondiendo
al movimiento
de la manecilla
de los minutos,
indica exacta
y claramente el fin
de cada hora: "cae"
a su término exacto.
Así, si un jugador no completa
el número reglamentario de jugadas
en el tiempo establecido, pierde y se dice coloquialmente: "se le cayó
la bandera".

7 En este apartado nos referimos a los relojes tradicionales
—de cuerda—, aunque cada vez se usan más los relojes electrónicos.

Ajedrez a ritmo rápido

Hay quienes piensan que el ajedrez es un juego demasiado demandante de tiempo. Quien se dedica a él "pierde" horas en cada partida, opinan. Desde luego, para un ajedrecista profesional (por poner el ejemplo más extremo), el dedicar horas al ajedrez nunca significará perder tiempo. Con todo, hay modalidades de ajedrez rápido: el llamado "ping pong"[8] o "blitz", profusamente practicado en clubes de ajedrez, en el que cada jugador dispone solamente de 5 minutos para todo el juego. Se trata de un modo hasta cierto punto informal de jugar, que a veces adquiere tintes pintorescos, cuando es practicado por destacados maestros, quienes por la premura del tiempo, llegan a cometer errores inusitados.

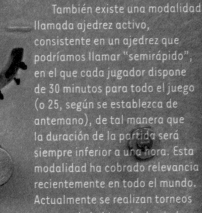

[8] Se le ha llamado así porque el sonido que hacen las piezas al ser accionadas rápidamente en el tablero es semejante al del deporte aludido.

* Véase capítulo "Algunas anécdotas de jugadores famosos", anécdota núm. 10.
[9] Vladimir Tukmákov: gran maestro internacional ruso, nacido en 1946.

También existe una modalidad llamada ajedrez activo, consistente en un ajedrez que podríamos llamar "semirápido", en el que cada jugador dispone de 30 minutos para todo el juego (o 25, según se establezca de antemano), de tal manera que la duración de la partida será siempre inferior a una hora. Esta modalidad ha cobrado relevancia recientemente en todo el mundo. Actualmente se realizan torneos mundiales oficiales de ajedrez activo. El primer torneo de la historia de ajedrez activo (30 minutos por jugador) tuvo lugar en Gijón, España, en 1988 y fue ganado por Anatoly Karpov * y Vladimir Tukmákov[9], y el primer campeonato mundial en esta modalidad se celebró en Mazatlán, México en 1988 y lo ganó Karpov. El premio fue de 50 000 dólares.

¿QUIÉNES HAN SIDO CAMPEONES DEL MUNDO?

Antaño no se celebraban campeonatos "oficiales" bien organizados como existen actualmente. Sin embargo, desde el siglo XVI (1560) existieron jugadores que, de hecho, eran considerados los mejores del mundo, por su indiscutible fama.

CAMPEONES DEL MUNDO NO OFICIALES	
Ruy López de Segura	1560, España
Paolo Boi y Leonardo da Cutri	1575, Italia
Alessandro Salvio	1600, Italia
Gioacchino Greco	1620, Italia
Legall de Kermeur	1730-1747, Francia
Francois-André Philidor	1747-1795, Francia
Alexandre Deschapelles	1800-1820, Francia
Louis de la Bourdonnais	1820-1840, Francia
Howard Staunton	1843-1851, Inglaterra
Adolf Anderssen	1851-1858, Alemania
Paul Morphy	1858-1859, Estados Unidos
Adolf Anderssen	1859-1866, Alemania
Wilhelm Steinitz	1866-1886, Austria

En 1886 Wilhelm Steinitz y Johann H. Zuckertort compitieron formalmente y con auspicio de la autoridad por el campeonato mundial de ajedrez. El triunfador fue Steinitz, quien pasó a la historia como el primer campeón mundial de ajedrez reconocido oficialmente. Desde 1886 se empezaron a celebrar campeonatos mundiales formales.

[10] En este año Kasparov renunció a la FIDE y esta institución lo dejó de reconocer.

[11] Federación Internacional de Ajedrez. Se designa con las siglas de su nombre en francés: *Fédération Internationale des Échecs*; se fundó en París el 20 de julio de 1924, con el objetivo de crear un organismo regulador unitario para todas las naciones del mundo en que se jugaba ajedrez.

CAMPEONES DEL MUNDO, OFICIALES

Wilhelm Steinitz	1886-1894, Austria/EEUU
Emanuel Lasker	1894-1921, Alemania
José Raúl Capablanca	1921-1927, Cuba
Alexander Alekhine	1927-1935, Rusia/Francia
Max Euwe	1935-1937, Países Bajos
Alexander Alekhine	1937-1946, Unión Soviética
Mikhail Botvinnik	1948-1957, Unión Soviética
Vasily Smyslov	1957-1958, Unión Soviética
Mikhail Botvinnik	1958-1960, Unión Soviética
Mikhail Tahl	1960-1961, Unión Soviética
Mikhail Botvinnik	1961-1963, Unión Soviética
Tigran Petrosian	1963-1969, Unión Soviética
Boris Spassky	1969-1972, Unión Soviética
Bobby Fischer	1972-1975, Estados Unidos
Anatoly Karpov	1975-1985, Unión Soviética
Garry Kasparov	1985-1993,[10] Unión Soviética/ Rusia

CAMPEONES DEL MUNDO "CLÁSICOS" RECONOCIDOS FUERA DEL ÁMBITO DE LA FIDE[11]

Garry Kasparov	1993-2000, Rusia
Vladimir Kramnik	2000-2006, Rusia

CAMPEONES DEL MUNDO SEGÚN LA FIDE DESDE 1993

Anatoly Karpov	1993-1999, Rusia
Alexander Khalifman	1999-2000, Rusia
Viswanathan Anand	2000-2002, India
Ruslan Ponomariov	2002-2004, Ucrania
Rustam Kasimdzhanov	2004-2005, Uzbekistán
Vasselin Topalov	2005- 2006, Bulgaria
Vladimir Kramnik	2006- hasta hoy día, Rusia

[12] También se reconoce a una Campeona Mundial de Ajedrez (véase capítulo "Ajedrez femenil" en la pág. 79). Existen también campeonatos de veteranos, de computadoras y juveniles.

En los inicios del año de 2006 todavía no existía consenso acerca de a quién correspondía el título. Muchos consideraban que Vladimir Kramnik era el campeón mundial de ajedrez, ya que había vencido al último campeón indiscutible, Garry Kasparov, en un encuentro celebrado en el año 2000, y después defendió el título frente al aspirante Péter Lékó en 2004. Sin embargo, Kasparov fue desconocido por la FIDE; para esta instancia, el campeón del mundo era pues Vasselin Topalov, quien ganó en el 2005 el torneo por el campeonato mundial que se celebró en San Luis, Argentina, y reunió a ocho de los mejores jugadores del mundo.

Así, aún persistía la controversia sobre quién era el verdadero campeón mundial de ajedrez, Vasselin Topalov, reconocido por la FIDE, o Vladimir Kramnik, reconocido por gran parte de la afición debido a su indiscutible desempeño de primer nivel en las lides ajedrecísticas y por haber derrotado al también reconocido mundialmente Kasparov. Ésta controversia por fin se dirimió a fines del 2006, pues se enfrentaron en campeonato oficial organizado por la FIDE, Kramnik y Topalov en Elista, capital de la República rusa de Kalmykiya, y Vladimir Kramnik, al triunfar, se convirtió en el campeón oficial, indiscutible y único.[12]

Vasselin Topalov

Vasselin Topalov nació en Ruse, Bulgaria, el 15 de marzo de 1975. Empezó a jugar a la edad de ocho años y pronto, en su juventud, se destacó al conquistar la medalla de oro en el campeonato de menores de 14 años en Puerto Rico, en 1989, y la medalla de plata en Singapur en el torneo de menores de 16 años, en el año siguiente.

En 1992 obtuvo el título de Gran Maestro.

Ha participado en varios torneos de altísimo nivel como son los de Linares, y otros en los que ha ocupado puestos destacados.

En 2005 compartió el primer puesto con Garri Kasparov y venció en el torneo de Sofía con un punto de ventaja sobre el segundo lugar.

Del 27 de septiembre al 26 de octubre de 2005, en San Luis, Argentina, ganó el campeonato del mundo en el torneo en que participaron Anand, Kasimdzhanov, Leko, Morozevich, Polgar y Svidler.

Con el resultado del torneo de San Luis, consiguió un "rating" superior a 2 800 puntos, privilegio que, hasta entonces, solamente poseía Kasparov.

En 2006 pierde el campeonato mundial al ser derrotado por Kramnik en campeonato oficial.

Vladimir Kramnik

Vladimir Kramnik, ajedrecista ruso, nació el 25 de junio de 1975. En 2000, derrotó a Garry Kasparov en un encuentro a 16 partidas disputado en Londres. Para muchos, mas no para la FIDE, este fue un encuentro por el campeonato del mundo y convirtió a Kramnik en campeón.

Kramnik nació en la ciudad de Tuapse, a orillas del Mar Negro. De pequeño, estudió ajedrez en la escuela de Mikhail Botvinnik.

En octubre de 2002, Kramnik luchó en Bahrein contra la computadora *Deep Fritz* en un encuentro a ocho partidas. Kramnik comenzó bien, con una ventaja de 3 - 1, aunque el resultado final fue de 4 - 4.

En febrero de 2004 Kramnik ganó por vez primera en solitario el fuerte Torneo de Linares, finalizando invicto por delante de Garry Kasparov, el jugador mejor clasificado del mundo.

En la ordenación de enero del 2005 de la Federación Internacional de Ajedrez, Kramnik aparece con 2 754 puntos, lo que lo convierte en el jugador número 4 del mundo, tras Garry Kasparov, Viswanathan Anand* y Vasselin Topalov. En 2006 obtiene el título oficial de Campeón Mundial, tras vencer a Vasselin Topalov en campeonato reconocido por la FIDE.

*Gran maestro hindú.

Ajedrez Femenil

La práctica mundial del ajedrez entre adultos tradicionalmente se ha dividido en dos categorías: la general y la femenil. Así, se realizan torneos "propiamente dichos" y torneos femeniles, y existe un campeón mundial y una campeona mundial.

Si hay separación entre el ajedrez en general, el ajedrez juvenil y el ajedrez infantil, o si se organizan torneos con un límite de edad, esto obedece a una razón lógica, ya que un joven o un niño ha tenido menor oportunidad de adquirir experiencia y conocimientos que un adulto; pero esta razón no existe en el caso del ajedrez practicado por damas. A nuestro parecer, esta división resulta absurda. Es como dar por hecho que las mujeres son excepciones de la especie humana. La razón por la que el nivel de juego de las mujeres, en general, ha venido a ser más bajo que el de los varones es una razón cultural, pero somos de la opinión de que se debe unificar ya la actuación ajedrecística de hombres y mujeres, y creemos que habría que escuchar también la opinión de las actuales jugadoras.

De manera similar piensa Lazlo Polgar, padre de Judith, Szuza y Sofía Polgar, quien propició que sus hijas compitieran desde muy jóvenes en los torneos generales. De hecho, Judith Polgar participa exclusivamente en estos últimos. Sin embargo y a pesar de lo expuesto, hasta hoy la división existe.

Un acontecimiento, diríase que pintoresco, de tiempos ya remotos, relacionado con la forma de ver el ajedrez femenil, lo constituye el hecho de que en uno de los primeros torneos femeninos que se celebraron, el primer premio fue una máquina de coser.

El título de campeona mundial de ajedrez se instituyó en 1927, año en que se decidió celebrar en Londres un torneo reservado a las mujeres, en paralelo con el desarrollo de las olimpiadas masculinas. La triunfadora fue Vera Menchik, quien conservó el título hasta su muerte. Vera Menchik, junto con su madre y su hermana Olga, murió en 1944, durante la segunda guerra mundial, al caer en su casa una bomba alemana. Al igual que Alexander Alekhine, murió siendo poseedora del título máximo del "juego ciencia". Harry Golombek,[13] quien la conoció de cerca, opina: "Vera fue una excelente compañera, siempre divertida y optimista. A pesar de su gran clase nunca adoptó actitudes de *prima donna*. Generosa en las derrotas y modesta en las victorias, su conducta fue todo un ejemplo para los que la conocieron".

Entre los acontecimientos sobresalientes que han dejado huella en la memoria de los ajedrecistas, relacionados con las damas destacadas del "juego ciencia", podemos mencionar, por ejemplo, el hecho de que la jugadora soviética Nona Gaprindashvili fue la primera mujer en alcanzar el título de Gran Maestra dentro del ajedrez no exclusivamente femenino en 1978.

[13] **Harry Golombek: campeón de Inglaterra en las décadas de los cuarenta y cincuenta.**

¿QUIÉNES HAN SIDO CAMPEONAS MUNDIALES DE AJEDREZ FEMENIL?	
Vera Menchik	1927 - 1944[14] Reino Unido
Ludmila Rudenko	1950 - 1953 URSS
Elizabeta Bykova	1953 - 1956 URSS
Olga Rubtsova	1956 - 1958 URSS
Elizabeta Bykova	1958 - 1962 URSS
Nona Gaprindashvili	1962 - 1978 Georgia
Maia Chiburdanidze	1978 - 1991 Georgia
Xie Jun	1991 - 1996 China
Szuza Polgar	1996 - 1999 Hungría
Xie Jun	1999 - 2001 China
Zhu Chen	2001 - 2004 China
Antoaneta Stefanova	2004 - hasta hoy día, Bulgaria

[14] De 1944, año en que murió Vera Menchik, hasta 1950, el título estuvo vacante.

[15] Posteriormente el récord fue batido por el también húngaro Peter Lékó con 14 años y medio y más recientemente por el francés Étienne Bacrot, con 14 años y dos meses.

También fue la primera mujer en ganar un torneo de esta índole: el celebrado en Lone Pine en 1977.

En plena juventud, casi adolescencia (a la edad de 17 años), Maia Chiburdanidze fue campeona mundial femenina en 1978.

La Húngara Judith Polgar fue en su momento la persona más joven de la historia del ajedrez, en alcanzar el título de Gran Maestro (incluyendo a los hombres). Fue en 1991, a la edad de 15 años y 150 días, arrebatándole ese récord de juventud a Bobby Fischer, que fue Gran Maestro a los 15 años y medio.[15]

81

ALGUNAS ANÉCDOTAS DE JUGADORES FAMOSOS

UNO

Paul Morphy, estadounidense nacido en 1837 en Nueva Orleans, fue un precoz y genial jugador de ajedrez, y tuvo una carrera meteórica.

Fue considerado el mejor jugador del orbe en el año de 1858, tras su victoria sobre el célebre Adolf Anderssen. No obstante, ese privilegio le duró poco, pues en 1859, cuando tenía veintiún años de edad, se retiró de las lides del tablero, y dejó el terreno libre al alemán Anderssen, quien volvió a reinar en el mundo del "juego ciencia".

Se dice de Morphy que padeció paranoia y delirio de persecución, y se cuenta de varias excentricidades que lo caracterizaban. Por ejemplo, tenía la costumbre de colocar en semicírculo zapatos de mujer para después contemplarlos extasiado por largo rato. Al preguntársele por qué hacía eso, respondía: "Me gusta mirarlos".

MORPHY
ENAMORADO

Lo que aquí te contaremos ocurrió antes de que Paul Morphy fuera maestro y antes de haberle arrebatado el campeonato mundial a Anderssen. Sin embargo, en aquel entonces ya era reconocido como un auténtico genio. Tenía diecisiete años de edad y estudiaba el bachillerato en el Estado de Alabama, Estados Unidos.

Era la primavera de 1855 cuando Morphy conoció a una hermosa joven, hija de un labriego que tenía su terreno contiguo al de sus tíos. De inmediato quedó prendado de la belleza de la muchacha. Cupido había asestado certero flechazo, como en los tiempos románticos que cantaron Bécquer y Schiller.

Pero a Paul se le presentaba un serio obstáculo a sus planes amorosos: su primo Ernest, hijo de sus mencionados tíos, estaba también enamorado de la joven. Ernest era dos años mayor que Paul y tenía la ventaja de ser vecino de ella. Entonces Paul, ideando una estrategia para salir avante y cumplir sus deseos, retó a su primo, quien también conocía el "juego ciencia", a un duelo ajedrecístico a seis partidas, para dirimir el conflicto.

Se establecieron las bases y entre éstas se pactaba que Paul, para equilibrar las fuerzas, daría ventaja de tiempo a su primo y dispondría de tan sólo un minuto de reflexión para cada jugada, mientras que Ernest podría pensar cuanto quisiera.

El vencedor tendría derecho "en usufructo" a los presuntos favores de la linda muchacha, sin que el vencido pudiera oponerse a su rival. Una vez acordadas las condiciones, se jugaron el amor del deseado tesoro en el campo de honor del ajedrez. La victoria correspondió a Paul, quien derrotó cuatro veces a su adversario; perdió solamente una partida y empató otra.

Esta victoria indudable en el tablero, no se completó sin embargo en el terreno de Eros, pues al comunicar Paul a la joven sus pretensiones gracias al triunfo logrado, ella olímpicamente lo rechazó o, como por ahí se dice, lo mandó a freír espárragos. El joven Morphy quedó helado y las tradicionales malas lenguas agregan que como complemento a este rechazo, el papá de la dama, a quien molestó la insistencia de Paul, propinó al joven ajedrecista tal serie de coscorrones, que el ajedrez mundial estuvo a punto de perder a uno de sus más brillantes exponentes, de no ser porque el genio en ciernes emprendió oportuna huída.

———————— • ————————

Años más tarde, Paul Morphy y Howard Staunton (campeón mundial de 1843 a 1851) estaban disputando una partida muy complicada cuya posición favorecía a Staunton. Morphy meditaba concentrado y, en un momento dado, de manera inconsciente y como para sus adentros, dijo: "me falta un tiempo", en alusión claro está, a la falta de una jugada para completar una combinación y así salvar la situación. Entonces, Staunton no perdió la oportunidad y lanzó una burla de manera que todos los presentes la percibieran. Tomó la campanilla, la hizo sonar y llamando al conserje exclamó: "Señor, ¿me hace el favor de buscar un tiempo, que se le ha extraviado al señor Morphy?

DOS

Aaron Nimzowish nació en Riga, Letonia en 1886 y murió en 1935. Aproximadamente en 1920 abandonó Letonia y se estableció sucesivamente en Suecia y Dinamarca. Fue un extraordinario jugador de ajedrez cuyo nivel de juego, en su época, se equiparó con el de los mejores del mundo. Revolucionó el ajedrez, al desarrollar teorías nuevas (sostenía, entre otras cosas, que el dominio del centro no debía efectuarse necesariamente a través de su ocupación mediante peones) y crear un lenguaje igualmente novedoso que redundó en mayor clarificación de los conceptos ajedrecísticos. Introdujo en la terminología ajedrecística frases como "el fuerte deseo de expansión del peón pasado" y "el movimiento misterioso de la torre". Se le consideró pionero del ajedrez "moderno".

Existe actualmente una defensa que se llama Defensa Nimzowish y otra, derivada de la misma, que lleva el nombre de Defensa Nimzoindia.

Entre sus teorías expuso que una amenaza era más fuerte que su realización, y relacionada con ella está la anécdota que enseguida te contamos:

Vidmar, gran maestro alemán, que jugaba contra Nimzowish en el Torneo de Nueva York de 1927, sacó un puro y lo dejó encima de la mesa. Nimzowich protestó rápidamente ante el director del torneo (Maroczy) y éste le contestó que Vidmar no estaba fumando. Nimzowich replicó: "Usted es maestro y sabe que la amenaza es más fuerte que su ejecución".

El Gran Maestro Aaron Nimzowich, además de excelente jugador, fue un excéntrico personaje de quien se cuentan innumerables anécdotas. También se dice que no llegó a ser campeón mundial porque tuvo la mala suerte de haber sido contemporáneo de los grandes y famosos Capablanca y Alekhine. Sin embargo, era vanidoso y usaba tarjetas de visita con la siguiente inscripción:

En una ocasión, su médico le aconsejó que hiciera más ejercicio. A partir de entonces, tomó en cuenta la recomendación y empezó por practicar diversos movimientos gimnásticos durante el torneo en que participaba. Mientras no le tocaba mover sus piezas, se iba a un rincón de la sala e iniciaba sus genuflexiones o algo parecido. Varias veces dejó estupefactos a los espectadores, incluyendo a su contrincante en turno, al pararse de cabeza. Curiosamente, en esta época logró sus más brillantes victorias.

A. Nimzowitch
Candidato al Campeonato
Mundial de ajedrez
y Príncipe Coronado
del Mundo del Ajedrez

TRES

José Raúl Capablanca nació en La Habana, Cuba, en 1888 y murió en Nueva York en 1942. Presenciando las partidas de su padre, aprendió a jugar a los cuatro años de edad. A los doce fue campeón de Cuba y en 1921 conquistó el título de campeón mundial al vencer al alemán Emanuel Lasker, título que conservó hasta 1927. En terrenos ajenos al ajedrez, se distinguió en la diplomacia y fue agregado en el Ministerio cubano del exterior. En el ámbito social, tuvo fama de ser muy enamorado y conquistador, todo un émulo de Casanova. Su brillante carrera y su refinada personalidad lo convirtieron en leyenda.

Este genial ajedrecista inspiró al poeta cubano Nicolás Guillen para componer una pieza poética:

POEMA A CAPABLANCA

Así pues, Capablanca
no está en su trono, sino que anda,
camina, ejerce su gobierno
en las calles del mundo.

Bien está que nos lleve
de Noruega a Zanzíbar,
de Cáncer a la Nieve.

Va en un caballo blanco,
caracoleando
sobre puentes y ríos
junto a torres y alfiles,

el sombrero en la mano
(para las damas)
la sonrisa en el aire
(para los caballeros)

y su caballo blanco
sacando chispas puras
del empedrado...

"¡¿EL GRAN CAPABLANCA COMETIÓ ESE ERROR?!" O PROBLEMA DE DAMAS

Una famosa anécdota cuenta que, en 1929, en el torneo de Karlovy Vary (antes Carlsbad, República Checa), jugando contra Friedrich Sämisch,[16] el celebérrimo cubano José Raúl Capablanca cometió un error mayúsculo que resultaba increíble para los aficionados y profesionales del ajedrez; este error lo condujo a la derrota en la partida y a ocupar los puestos 2-3, empatado con otro jugador en la clasificación general del torneo, situación verdaderamente inusitada.

La posición era la siguiente:

[16] Fuerte jugador alemán nacido en Berlín, en 1896.

En esta posición Capablanca, quien conducía las negras, jugó 9. ♗a6 y Sämisch contestó 10. ♕a4 clavando al caballo y atacando simultáneamente al alfil (las negras pierden una pieza).

¿Pero cómo pudo ocurrir esto? La clave de semejante desatino se descubrió más tarde por boca del propio Capablanca. En el momento en que la posición era la mostrada en el diagrama y el cubano meditaba su jugada, intempestivamente arribó a la sala del torneo su esposa, una hermosa trigueña, proveniente de La Habana. Parece ser que ella tenía la intención de dar a su marido una agradable sorpresa. Fue cuando Capablanca jugó rápidamente 9. … ♗a6??

El meollo del asunto fue que la aparición de la esposa no alegró precisamente a Capablanca, sino todo lo contrario. José Raúl se "divertía" con su "dama extra", una hermosa rubia de origen ruso que más tarde, después de su divorsio, se convertiría en su segunda esposa.

CUATRO

Alexander Alekhine nació en Moscú en 1892 y murió en Portugal en 1946. Su familia pertenecía a la aristocracia rusa. A los seis años de edad, su madre le enseñó a jugar ajedrez. En 1914 empató con Nimzowish en el primer puesto del campeonato de Rusia celebrado en San Petersburgo. En el transcurso de la primera guerra mundial, mientras tomaba parte en un torneo internacional, en Mannheim, Alemania, fue detenido junto con los demás participantes rusos. Su familia utilizó su influencia para conseguir su libertad, y al volver a Rusia sirvió en la Cruz Roja en el frente austriaco, donde fue herido. Ganó el primer campeonato soviético, celebrado

en Moscú en 1920, y consiguió emigrar a Suiza al año siguiente. Posteriormente se estableció en París. En 1925 obtuvo la nacionalidad francesa.

Desde 1921 realizó una brillante carrera ajedrecística y ocupó el primer lugar en multitud de torneos. En 1927 derrotó a Capablanca en el campeonato por el título mundial cuya sede fue Buenos Aires, Argentina. Una vez campeón, evitó por todos los medios volver a enfrentarse con Capablanca y murió en posesión del título.

Fue colaborador del nazismo. Escribió una serie de artículos en los que opinaba que los judíos arruinaban lapureza de ajedrez. Fue un fuerte bebedor yse dice que la

[17] *Chess*: palabra inglesa que significa ajedrez.

causa de que perdiera el título mundial al enfrentarse con Max Euwe en 1935, fue precisamente su adicción al alcohol. Sin embargo, esta derrota lo hizo reflexionar y disminuir su consumo etílico. En 1937 recuperó el título de campeón mundial. Por cierto, una de las extravagancias que más dieron de que hablar en el mencionado campeonato contra Euwe, era la inaudita costumbre que tenía de llevarse consigo a la sala de juego a sus dos gatos, *Lobeidah* y *Chess*.[17]

En una ocasión en que quería ingresar a Polonia, al llegar a la aduana y no llevar consigo los documentos necesarios exclamó: "Soy Alekhine, campeón mundial de ajedrez. Tengo un gato llamado *Chess*. No necesito pasaporte". El conflicto sólo se dirimió gracias a la intervención de las más altas autoridades diplomáticas.

Se dice que murió en muy mala situación económica, aferrado a un ajedrez de bolsillo.

CINCO
EL CHE GUEVARA

Es bien sabido que el Che Guevara fue un entusiasta aficionado al ajedrez. Existe una famosa foto de él, jugando, con un pequeño cabo de puro "Montecristo", tan absorto y embelesado en el juego, que no se percata de que el fuego del puro casi le quema los dedos. Esta foto ha sido publicada en varios carteles.

A pesar de su gusto por el ajedrez, tenía otro sabido entusiasmo que a veces era más fuerte que el primero: si en el momento de hacer una jugada, y con el alfil en la mano, pasaba por ahí una bella muchacha, se quedaba extasiado viéndola y, al volver la vista hacia el tablero, ya no se acordaba en dónde estaba originalmente su alfil. Humorísticamente se cuenta que por ese hecho, a veces se tenía que anular la partida porque el Che terminaba por poseer dos alfiles circulando por casillas del mismo color.

SEIS

Bobby Fischer es el nombre popular y ajedrecístico de Robert James Fischer, quien nació en 1943 en Chicago, Estados Unidos. A pesar de que su carrera profesional como ajedrecista ocupante de los primeros lugares en el "ranking" mundial fue breve, ha ganado un lugar destacado en la historia del ajedrez: se coronó campeón mundial en 1972 al derrotar al soviético Boris Spassky y su legado de partidas impecables y brillantes es vasto; su personalidad fuerte y controvertida ha dado un impulso indudable, a nivel mundial, a la práctica del ajedrez.

FISCHER - SPASSKY.
"EL MATCH DEL SIGLO"

El enfrentamiento que se dio en 1972 entre el ruso Boris Spassky, entonces campeón mundial, y el estadounidense Bobby Fischer, retador, causó gran revuelo y expectación, tanto por el extenso despliegue publicitario que se hizo, como por el hecho de que el campeonato mundial llevaba varias décadas (desde 1937) en poder de los soviéticos y, por primera vez en muchos años surgía la posibilidad de que un representante del capitalista "occidente" se alzara con la victoria y con el preciado título de campeón mundial. Los diarios de todo el mundo anunciaban con grandes títulos el encuentro, y se dice que ese acontecimiento, el "campeonato del siglo", hizo al ajedrez más popular y lo convirtió en un deporte de masas.

El suceso tuvo como sede Reykjavik, Islandia, y estuvo lleno de incidentes escandalosos. Las exigencias del estadounidense fueron incontables y exageradas, y el campeonato estuvo a punto de suspenderse con toda su parafernalia. Se llegó al extremo de que el secretario de Estado, Kissinger, telefoneó a Fischer, quien declaraba insatisfechas las condiciones para su participación, con el fin de pedirle que, "en bien de la Nación", asistiera y compitiera. El acontecimiento por fin se realizó, aunque con algunos días de retraso.

En la primera partida el triunfo correspondió a Spassky. Fischer realizó una mala jugada en la que entregó un alfil a cambio de dos peones[18] y llegó a un final perdedor. Cuando le preguntaron el porqué de esa jugada, respondió que "sólo quería romper el equilibrio". Surgió nuevamente el escándalo cuando Fisher se negó a jugar la segunda partida alegando que no podía participar con esas cámaras de cine y televisión, tan cerca de él que lo distraían. Se refería a las cámaras del productor estadounidense Chester Fox. Así, la victoria correspondió a Spassky por *default*. El marcador fue entonces 2-0 a favor del ruso. A partir de ese momento, Fisher, aun a costa del tiempo de que disponía para pensar sus jugadas, llegaba 15 minutos tarde a cada partida, cosa que, desde luego incomodaba y ponía nervioso a su contrincante, quien empezó a perder. El campeonato, como es bien sabido, lo ganó Bobby Fisher.

La delegación rusa achacó el mal juego de Spassky a algún tipo de efluvio o corriente que emanaba de la silla de Fischer, hasta el punto de presentar una reclamación al respecto. La silla fue efectivamente puesta "en cuarentena" y sometida a vigilancia policial durante 24 horas, mientras era analizada mediante rayos-X y diversas pruebas químicas.

---

[18] En términos generales es equiparable el valor de un alfil al de tres peones.

MÁS DATOS DE
FISCHER

Este ajedrecista, por otra parte, tiene una fama bien ganada de machista: se cuenta que, en una ocasión, abandonó un torneo porque estaba jugando una mujer. La dama de marras era Lisa Lane, a la sazón campeona de los Estados Unidos.

En una exhibición de simultáneas,[19] Fischer ganó la dama a su rival, pero éste, por travesura, al irse el estadounidense, volvió a ponerla en el tablero. Continuó el juego normalmente y el hombre se vanagloriaba ante los espectadores por haber supuestamente engañado al genio. Siete jugadas más tarde, Fischer volvió a capturar la dama, pero esta vez la metió en su bolsillo y

se la llevó, sin que mediara palabra alguna.

Bobby Fischer se había retirado de las lides ajedrecísticas mundiales, pero el 1º de Septiembre de 1992, después de 20 años de inactividad, se produjo su reaparición en público a causa del "campeonato de revancha" contra Spassky, en el que volvió a ganar. Por cierto, en la conferencia de prensa admitió que no había pagado sus impuestos desde 1976, porque no pensaba entregar un solo dólar a un Estado genocida como el estadounidense.

[19] Conjunto de partidas que un maestro disputa con varios oponentes a la vez.

SIETE

Miguel Najdorf es un jugador argentino, por cierto mencionado por Mafalda, quien, a pesar de no haber sido nunca ni siquiera finalista en campeonato mundial alguno, posee la marca de haberse enfrentado a todos los campeones del mundo (hasta el reinado de Kasparov), exceptuando al primero, Steinitz. Venció, además, a cinco de ellos en alguna ocasión. También poseyó la marca de mayor número de partidas simultáneas a ciegas,[20] con cerca de cincuenta.

[20] Partidas simultáneas en las que quien ofrece la exhibición no ve los tableros sino que sus contrincantes le van diciendo las jugadas (igual que él hace con las suyas).

OCHO

Mikhail Tahl. Nació en noviembre de 1936, en Letonia y murió en junio de 1992. Se le llamó "El genio de Riga" y fue campeón mundial de 1960 a 1961. Su carrera estuvo llena de divertidas anécdotas propiciadas por su agudo sentido del humor, por su espíritu un tanto aventurero y bohemio y por sus buenas relaciones con sus oponentes. Por ejemplo el jugador Pal Benko le acusó de hipnotizarle durante sus partidas (habían jugado 5 y las 5 las había ganado Tahl) y en la sexta partida que disputaron, Benko se puso unas gafas de sol para "protegerse" de los rayos hipnóticos de Tahl. Mikhail comenzó a reírse y se levantó del tablero acercándose a Petrosian para pedirle sus enormes gafas de sol playeras; éste se las dejó y nos encontramos con una partida entre dos grandes maestros en la que los dos jugaban con gafas de sol (al final la victoria volvió a caer del lado de Tahl).

Cuando acudió al Torneo de ajedrez de Palma de Mallorca en 1976, el excampeón del Mundo Mikhail Tahl se convirtió en el primer ruso en torear en una corrida. Su muerte, a fines del siglo pasado, fue para los ajedrecistas el nacimiento de una leyenda.

NUEVE

El apellido Polgar comenzó a ganar fama en el mundo del ajedrez en la década de los ochenta, cuando tres jóvenes hermanas empezaron a brillar. La más destacada de las tres es Judith, la menor.

Judith Polgar nació en Budapest, Hungría en 1976. Al igual que sus hermanas, Sofía y Szuza, recibió de su padre las primeras enseñanzas del "juego ciencia". A pesar de que en el ajedrez oficial existe una clasificación con dos grandes categorías: la general y la femenina, cuando Judith contaba con 12 años de edad su padre decidió que participara sólo en torneos de la categoría general, es decir torneos "masculinos". A la edad de 15 años se convirtió en la (o él) ajedrecista más joven que conseguía el título de Gran Maestro, superando el récord de Bobby Fischer.

Judith Polgar es considerada la jugadora más fuerte del mundo en la categoría femenil, y en la clasificación general mundial ocupa un puesto destacado; ha llegado a figurar entre los diez jugadores con más alto *rating*[21] en el mundo. Coloquialmente se dice que los grandes maestros tiemblan cuando se enfrentan con ella.

Una anécdota que ha sido profusamente comentada la constituye el incidente ocurrido en el torneo de Linares, España, en 1994, mientras jugaba contra el entonces campeón mundial Garry Kasparov. El ruso, presionado por el escaso tiempo de que disponía, movió un caballo a cierta casilla, e inmediatamente se dio cuenta de que no le convenía ponerlo allí; entonces lo

[21] *Rating* es la clasificación numérica oficial que la Asociación Internacional de Ajedrez otorga a los jugadores, de acuerdo con su desempeño en torneos reconocidos.

cambió de lugar, es decir, ahora lo llevó a otro escaque (lo había puesto en c5 y lo llevó a f6). Al protestar ante el juez, la jóven húngara (de entonces diecisiete años de edad) y señalar la infracción cometida por el campeón mundial,[22] éste alegó que no había soltado la pieza en la primera casilla mencionada, pero la videograbación, reglamentaria en estos torneos, demostró al día siguiente lo contrario.

Ocho años más tarde, como si el destino hiciera justicia, en el torneo por equipos que se realizó entre jugadores rusos contra los de otras naciones, le tocó nuevamente a Judith Polgar enfrentarse a Garry Kasparov, y en esta ocasión la joven batió a su célebre contrincante. La partida despertó el asombro y la admiración en los círculos ajedrecísticos de todo el mundo.

[22] En ajedrez, cuando se ha consumado una jugada no se vale cambiarla; y la jugada se considera consumada (salvo casos especiales) cuando la pieza movida ha sido soltada.

Se sabe que Judith es muy amiga del estadounidense Fischer. En cierta ocasión un periodista preguntó a la joven que si no le afectaba ser amiga de un hombre tan machista, a lo que ella respondió: "Es que ya no es machista, ya maduró, me consta".

DIEZ

YOGURES, PATADAS Y GURÚES

El gran maestro ruso Anatoli Karpov, quien nació en mayo de 1951, fue reconocido por la FIDE como campeón mundial en 1975 a raíz de la destitución de Robert Fischer por haberse negado, este último, a exponer y defender su título como lo establece el reglamento ajedrecístico.

En 1978 hizo su primera defensa del galardón, y se enfrentó con Víctor Korchnoi, destacadísimo gran maestro ruso de fuerte personalidad.

Korchnoi nació en julio de 1931, ha sido subcampeón mundial y ha ocupado el primer puesto en múltiples torneos internacionales de primer nivel. Ganó el campeonato de la desaparecida URSS en 1964. En el ámbito ajedrecístico se le conoce como *El terrible Víctor*.

Pues bien, el match entre Karpov y Korchnoi que tuvo lugar en Baguio, Filipinas, estuvo matizado por múltiples incidentes dignos de ser consignados dentro del rubro "artimañas y protestas escandalosas": en la segunda partida, Korchnoi presentó una protesta formal por el hecho de que a Karpov le sirvieran yogures de sabores durante el juego y, de esta forma, le mandaran mensajes cifrados. El comité de apelación dio la razón a Korchnoi aduciendo que Karpov podía recibir instrucciones de su equipo de colaboradores a través del color, la marca y la hora en que fueran servidos. Por ejemplo, si el yogurt era *Danoni* de fresa y servido a las 12 horas, podía significar "avanzar peones

del lado de la dama" o si era *Chambursí* de durazno a las 14, podía indicar "sacrificar alfil contra el enroque", o si el yogur era *Yopleyt* de nuez a las 17, "atacar por el centro", y así...

Además el comité ordenó poner una tabla que, por debajo de la mesa, separara a ambos maestros, pues se asestaban patadas.

El terrible Víctor, asimismo, se quejó ante los jueces pues aseguraba que entre el público había gurúes o parapsicólogos con-

tratados por Karpov para tratar de sacarlo de sus cabales por medio de la hipnosis.

El campeonato fue retenido por Anatoli Karpov, quien venció al terrible Víctor. En 1981 volvieron a confrontar sus capacidades (con tabla antipatadas y sin yogures) y Karpov volvió a vencer a Korchnoi. Pocos años más tarde, en 1985, Anatoli dejó de poseer el máximo galardón, al ser derrotado por su compatriota Garry Kasparov.

ONCE

EL *WATERGATE* o **DUELO DESDE** EL SANITARIO

Introducción del banco para Luft se atenúa levantando un poco de la figura.

Kompov, quien venía al partido y era un campeón aparentemente reservado por Karpov.

Además, es acorde a la temperatura o amargura, pues no es ningún perfecto.

El campeón Victor Korchnoi, y que sobre las reacciones de ánimo que entre público deportivo, aficionados cosa de...

del nivel...
cuanto...
entre el acto...
saber a las...
Además...
Un, está acordes...
nacatos, pues...

Como ya relatamos, en el último campeonato mundial de ajedrez (Kalmykiya, Rusia 2006) se enfrentaron Vasselin Topalov y Vladimir Kramnik.

Topalov era el campeón mundial "oficial" reconocido por la FIDE y Kramnik era el campeón "clásico" reconocido por gran parte de la afición por haber derrotado a Kasparov.

Los premios en dinero consistieron en un millón de dólares a repartirse por partes iguales entre los dos competidores, independientemente de quién fuera el ganador.

El duelo entre el ruso Kramnik y el búlgaro Topalov se desarrollaba normalmente hasta la partida número cuatro. El maestro ruso llevaba la delantera pues había ganado las dos primeras partidas y empatado la tercera y la cuarta, por lo que el maestro búlgaro, llevaba en su cuenta dos derrotas y dos empates. El marcador indicaba tres puntos para el ruso contra uno para el búlgaro. En ese momento ocurrió que Topalov protestó ante el comité de apelación porque su contrincante Kramnik iba demasiadas veces al baño. Argüía que en el baño de su habitación, único sitio sin cámaras de video, el ruso recibía asesoría de su equipo de colaboradores. Puntualizó que en una sola partida su contrincante acudía al sanitario hasta cincuenta veces. Aún más: dijo que no le volvería a dar la mano, como se acostumbra en ajedrez, ni al inicio ni al final de las partidas.

El comité de apelación, para verificar lo declarado por Topalov, analizó el video de la recámara del ruso, en el que se podía ver a éste cuando entraba al baño, y observó

¡Se armó la gresca!

que no fueron cincuenta sino veinticinco veces por partida las que Kramnik acudía a satisfacer sus necesidades corporales. No sólo analizó el video sino que mostró éste a Topalov.

Cuando Vladimir Kramnik supo que le habían mostrado el video de su recámara a su adversario, levantó a su vez enérgica protesta en rueda de prensa, o, como decimos por acá, puso el grito en el cielo, y dijo: "No se me ha contratado para participar en un *reality show*. No he dado mi consentimiento para que el equipo rival me siga a todas partes con un cronómetro en la mano. Esto es una violación a mi privacidad". Asimismo amenazó con abandonar el campeonato si no se respetaba su vida privada.

Para el inicio de la quinta partida, Topalov, a quien le tocaba conducir las piezas negras, a la hora prevista se sentó frente al tablero, echó a andar el reloj marcador y esperó a que llegara su contrincante.

Pasaron los minutos y el búlgaro seguía solo en la mesa de juego. Pasó una hora y Kramnik no llegaba. Entonces el juez otorgó la victoria y el punto respectivo al maestro búlgaro por incomparecencia del ruso. Kramnik enseguida exigió que se anulara esa partida porque, como dijo, "en las condiciones prevalecientes no se puede jugar y no se me debe culpar por no comparecer en el salón de juego". Reitera que han violado su privacidad y lo han ofendido al decir que no le darán la mano.

Toda esta batalla de acusaciones y amenazas nos recuerda la antigua guerra fría, sólo que esta vez ocurre en el terreno del "juego ciencia" y con matices y tufillos de sanitarios. A este inédito conflicto, los aficionados han dado en llamar el *watergate* del ajedrez.

Por fin los jueces y organizadores del campeonato convencieron a ambos jugadores de seguir compitiendo, y se estableció que cuando acudieran al baño, lo hicieran exclusivamente al de damas y no al que cada uno tenía en su recámara.

Al final, el maestro ruso Vladimir Kramnik triunfó sin necesidad de reclamar el punto de la quinta partida y, como ya consignamos, se convirtió en el campeón mundial de ajedrez reconocido por la FIDE y por todos los aficionados al "juego ciencia".

CURIOSIDADES, MARCAS Y SUCESOS INÉDITOS

Wilhelm Steinitz ha sido el campeón mundial más viejo de la historia. Tenía 58 años cuando perdió el título frente a Emanuel Lasker, en 1894.

En una ocasión David Bronstein, Gran Maestro ruso, tardó 50 minutos en realizar su primera jugada.

El alemán Emanuel Lasker ha sido el campeón del mundo que durante más tiempo retuvo su corona: 26 años y 337 días. Ganó el título a W. Steinitz y lo perdió frente a J.R. Capablanca.

Garry Kasparov ostentó hasta el año 2001 el récord de haber sido el más joven campeón del mundo de toda la historia, al conseguir el título en 1985 a la edad de 22 años (frente a A. Karpov). La georgiana Maia Chiburdanidze fue campeona mundial femenina en 1978 a la edad de 17 años.

Paul Keres nunca llegó a ser campeón del mundo, pero derrotó a 9 campeones del mundo a lo largo de su vida.

La primera partida de ajedrez jugada entre el espacio y la Tierra se celebró el 9 de Junio de 1970 y enfrentó a la tripulación de la Soyuz-9 con sus compañeros de Tierra. Los cosmonautas jugaron sobre un tablero diseñado específicamente para la ocasión teniendo en cuenta la ausencia de gravedad. La partida terminó en tablas, es decir en empate.

El Peruano Esteban Canal consiguió el título de Gran Maestro en 1977 a la edad de 81 años.

La única campeona del mundo fallecida en posesión del título ha sido Vera Menchik.

El mayor número de jugadas alcanzado sin que ocurriera ninguna captura fue 57 y ocurrió en una partida Chajes-Grünfeld, en 1923. La partida duró 15 horas a lo largo de 121 movimientos.

Szuza Polgar, quien nació en 1969, consiguió ser a los 15 años de edad la mujer con mayor puntuación en el *ranking* de la FIDE.
El único campeón del mundo fallecido en posesión del título ha sido Alexander Alekhine

SE · DICE · DEL AJEDREZ

Afirman los expertos en ajedrez y en su enseñanza, que este juego milenario potencia enormemente las habilidades intelectuales de quien lo practica, y que, de igual manera, contribuye al desarrollo de la inteligencia emocional y a la formación de valores.

El Gran Maestro español Miguel Illescas considera que es factible un dominio sobresaliente del ajedrez por parte de niños y jóvenes, debido a que se trata de "una disciplina abstracta que no requiere de un conocimiento previo de otras materias para practicarlo".

Y si bien el "juego ciencia" no requiere saber previamente matemáticas o música, ¡cuántas similitudes guarda con estas materias! (la una predominantemente intelectual y la otra con un fuerte componente técnico y emocional)... Al grado de que el genio musical de Mozart es semejante en más de un sentido al genio ajedrecístico del gran Capablanca.

Se asegura, asimismo (y no sin pruebas), que el ajedrez fomenta el equilibrio y salud mentales.

Hoy en día es posible distinguir con facilidad ciertos particulares de la informática que han venido a ampliar las posibilidades de estudio del ajedrez, entre ellos las bases de datos, que reúnen partidas y conocimientos en forma abundante, y la red, que permite la difusión mundial de todos los temas ajedrecísticos. Las afirmaciones, más que fundadas, acerca de lo beneficiosa que resulta la práctica del ajedrez (en áreas más generales de nuestro ánimo que las concernientes a la materia misma del "juego ciencia"), se multiplican y multiplican. Podemos así referir, por último, que tal práctica, al contribuir a la mejora del pensamiento lógico, favorece el rendimiento escolar de los niños aficionados y es, por tanto, un muy apreciable instrumento en el ámbito de la educación.

¡Viva, pues, el ajedrez!

ALGUNOS PROBLEMAS SENCILLOS

Para saber quién juega: si no hay indicación juegan blancas; si se indica (N) juegan negras.

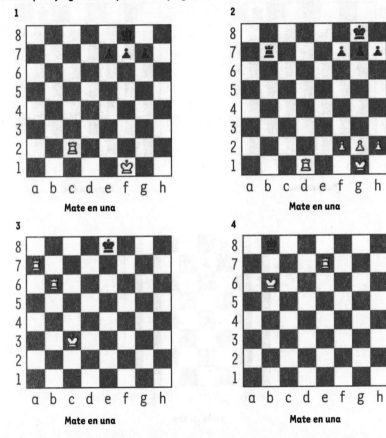

1

Mate en una

2

Mate en una

3

Mate en una

4

Mate en una

5

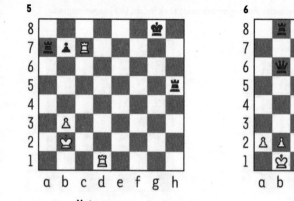

Mate en una

6

Mate en dos

7

Mate en una

122

8

Mate en una

9

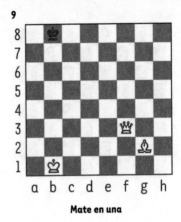

Mate en una

10

Mate en una

11

Mate en dos

12

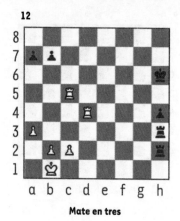

Mate en tres

13

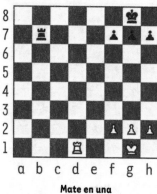

Mate en una

14

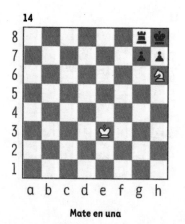

Mate en una

15

Mate en una

16

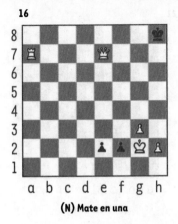

(N) Mate en una

17

(N) Mate en una

18

Mate en una

19

Mate en una

20

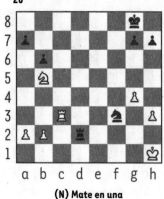

(N) Mate en una

21

(N) Mate en una

22

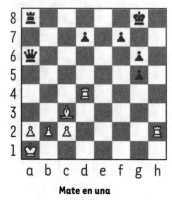

Mate en una

23

Mate en una

126

24

Mate en una

25

Mate en una

26

Mate en una

27

Se gana dama por medio de doblete

28

Se gana dama por medio de doblete

29

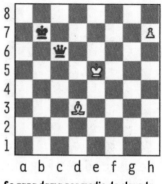

Se gana dama por medio de clavada

30

(N) Mate en tres, con sacrificio de dama
y jaque a la descubierta

31

Se entrega la dama y se recupera
con ganancia de material

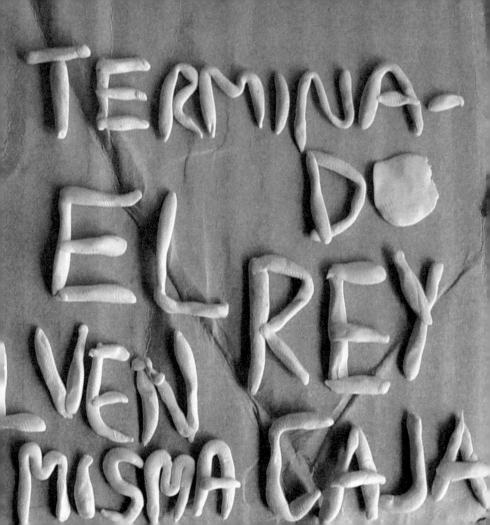

Soluciones a problemas

1. 1. ♖ c8++
2. 1. ♖ d8++
3. 1. ♖ b8++
4. 1. ♖ e8++
5. 1. ♖ d8++
6. 1. ♛ d8+ ♜xd8 2. ♖xd8++
7. 1. ♛ xc7++
8. 1. ♛ xg7++
9. 1. ♛ b7++
10. 1. ♛ xg7++
11. 1. ♖ c7+ ♚g8 2. ♖ d8++
12. 1. ♖ d6+ ♚g7 2. ♖c7 + f8♛ 3. ♖ d8++
13. 1. ♛ xg7++
14. 1. ♘ f7+
15. 1. d8= ♖++
16. 1. ... f1♛ ++
17. 1. ... f1=♘ ++
18. 1. g7++
19. 1. ♖e8++
20. 1. ... ♜h2++
21. 1. ... ♜h1++
22. 1.♖ h8++

23. 1. ♖h8+ ♚xh8 (Si 1. ...♚g7, sigue 2 ♖dh4+ f6 [o♛ f6] 3♖ 4h7++)
    2. ♖h4+ ♚g8 3. ♖h8++
24. 1. ♗c3++
25. 1. ♗d4++
26. 1. ♗d3+ ♚g7 2. ♗d4++
27. 1. ♘d6+ ♚se mueve 2. ♘xb7
28. 1. ♗d5+ ♜xd5 2. ♖xd5
29. 1. ♗e4 ♛xe4+ 2. ♚xe4

30. A pesar de que las negras tienen amenazadas tres piezas (dama, caballo y alfil), ganan por la fuerza del doble jaque. La fuerza de este jaque estriba en que quien lo da ataca al monarca con dos piezas a la vez, y quien lo recibe no puede tomar ninguna.
    1. ... ♛xg2+! 2. ♚xg2 ♗f4+
    3. ♚g1 ♗h3++

[24] Carlos Torre. Gran Maestro mexicano (1904-1978).

31. Este jemplo es el desenlace de una partida
    famosa que el extraordinario maestro
    mexicano Carlos Torre24 ganó al entonces
    ex campeón mundial Emanuel Lasker
    en el torneo de Moscú de 1925.

    1. ♗f6! ♕xh5 2. ♖xg7+ ♚h8

    En este momento las blancas podrían
    recuperar la dama con ♖g5+ (jaque
    a la descubierta) pero antes hacen una
    "barrida" de trebejos negros.

    3. ♖xf7+ ♚g1 4. ♖g7+♚h1
    5. ♖xb7+♚g1
    6. ♖g7+ ♚h1 7. ♖g5+

    y las blancas recuperan
    la dama con amplia
    ventaja.

BIBLIOGRAFÍA

Bibliografía consultada

Golombek, Harry, *Enciclopedia del Ajedrez*, traducción de Josep Betran, España, Instituto Parramón Ediciones, 1981.

Grau, Roberto, *Tratado General de Ajedrez*, Argentina, Sopena, 1990.

Lizalde, Eduardo, *De Buda a Fischer y Spassky. Dos mil años de ajedrez*, México, Posada, 1972.

Verduga, Denis, *64 consejos para ganar en ajedrez*, México, Caballo de papel, 1998.

Bibliografía recomendada

Averbach, Y. y Beilin, M., *Viaje al reino del ajedrez*, traducción de Agustín Puig, España, Ediciones Martínez Roca, 1975.

Soltis, Andrew, *Finales de Ajedrez*, traducción de Guil Russek, México, Aguilar, Altea, Taurus y Alfaguara, 2002.

Verduga, Denis, *op. cit.*

Hemerografía

Boletín de ajedrez, Radio Rebelde No. 3, La Habana, Cuba, 1981.

Revista Internacional de Ajedrez, España, Ediciones Eseuve, S. A., 1990-1992.

Jaque, Jaque XXI, S.L. Madrid, España, 1992-1995.

glosario

Ataque a la descubierta

Es el que se produce al mover una pieza propia que se interpone entre otra pieza propia atacante y una contraria. Si la pieza contraria es el rey, a esta jugada se le llama "jaque a la descubierta".

Clavada

Mecanismo que permite inmovilizar total o parcialmente a una pieza contraria por el hecho de que debe obstruir la línea de ataque que lleva hacia una de sus correligionarias, habitualmente de alto valor. Una pieza clavada es aquella que no se puede mover porque, de hacerlo, dejaría en jaque a su rey, o bien, no le conviene moverse pues si lo hiciera dejaría expuesta a ser capturada a una pieza generalmente de alto valor.

Clavar

Producir al contrincante una clavada.

Combinación

Una serie de jugadas que lleva a un cierto desenlace forzado y que proporciona una ventaja a quien la realiza. Casi siempre implica un sacrificio.

Defensa

Conjunto de jugadas iniciales de las piezas negras.

Jaque a la descubierta

Es el que se produce al mover una pieza que se interpone entre nuestra pieza atacante y el rey contrario.

Sacrificio

La entrega voluntaria de material con miras a obtener una ventaja de otro tipo. En otras palabras, consiste en entregar una o varias piezas, no como cambio directo por otras del mismo valor, sino para obtener alguna otra compensación futura, por ejemplo dar mate o mejorar sustancialmente la posición.

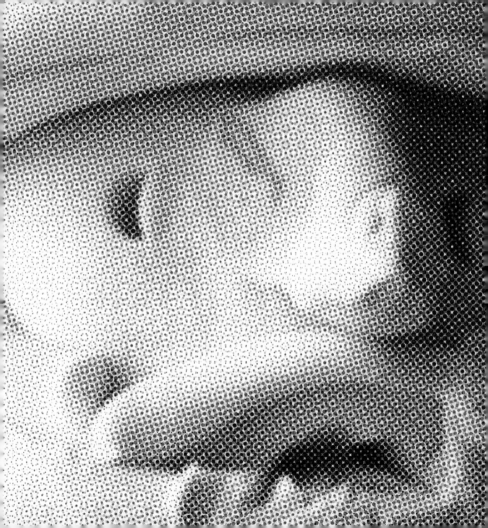

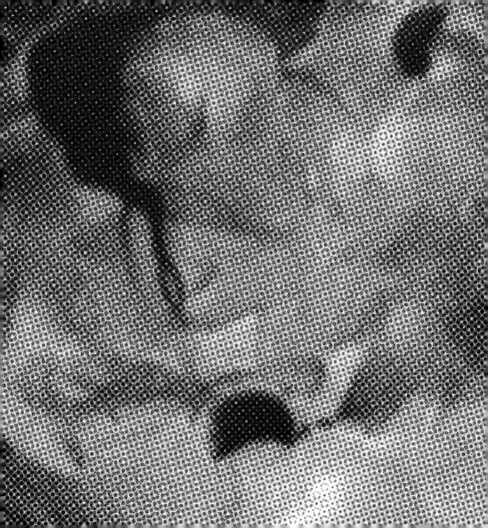

AJEDRECERO

terminó de imprimirse en 2021 en los talleres de Promocionales
e Impresos América, S.A de C.V,
con domicilio en Avenida Jardín, número 258, colonia Tlatilco,
alcaldía Azcapotzalco, C.P. 02860, Ciudad de México.
Para su composición se usaron las fuentes
Edwardian Script, impact, Knockout, Lucida Blackletter,
Mexican Gothic, Pagan Poetry, ParmaPetit y Tarzana.